Con la colección **Infantil**, desde Vegueta queremos realizar nuestra particular aportación al proyecto universal más apasionante que existe, el de la educación infantil y juvenil. Como una varita mágica, la educación tiene el poder de iluminar sombras y hacer prevalecer la razón, los principios y la solidaridad, impulsando la prosperidad.

Genios de la Ciencia, la serie de biografías de científicos e inventores, pretende aproximar a los niños a aquellos grandes personajes cuyo estudio, disciplina y conocimiento han contribuido al desarrollo y a la calidad de vida de nuestra sociedad.

Guía de lectura

¿Deseas saber más sobre Hedy Lamarr y su época?

Q Encontrarás citas de la protagonista. | 📶 Obtendrás información más detallada.

Textos: **María Serrano**
Ilustraciones: **Iratxe López de Munáin**
Diseño: **Sònia Estévez**
Maquetación: **Sara Pintado**
Colección dirigida por **Eva Moll de Alba**

© Vegueta Ediciones
Roger de Llúria, 82, principal 1ª
08009 Barcelona
www.veguetaediciones.com

ISBN: 978-84-17137-68-7
Depósito Legal: B 13321-2021
Fecha de publicación: noviembre de 2021
Impreso y encuadernado en España

Esta obra ha recibido
una ayuda a la edición del
Ministerio de Cultura y Deporte

MINISTERIO DE CULTURA Y DEPORTE   DIRECCIÓN GENERAL DEL LIBRO Y FOMENTO DE LA LECTURA

CEDRO

FSC
www.fsc.org
MIXTO
Papel procedente de fuentes responsables
FSC® C121047

GENIOS DE LA CIENCIA

HEDY LAMARR

AVENTURERA, INVENTORA Y ACTRIZ

TEXTOS MARÍA SERRANO
ILUSTRACIONES IRATXE LÓPEZ DE MUNÁIN

Vegueta Infantil

HOLA-HOLA-UNO-DOS-PROBANDO-PROBANDO

No, no. No mires a tu alrededor buscando el lugar del que sale esa voz que te habla, porque… ¡soy invisible! Me llaman Tecnología Inalámbrica, y me comunico por ondas de radiofrecuencia, así que, a menos que tengas un aparato especial para medir esas ondas, no podrás verme. ¡Pero sí oírme! Y eso es lo que importa, pues te voy a contar la historia de una de las personas que hizo posible mi existencia, una ocurrente inventora llamada Hedy Lamarr.

Hedy tuvo una vida tan tumultuosa como fascinante, una vida que la llevó desde el centro de la agitación cultural de la Viena de principios del siglo xx hasta el corazón de la época dorada de Hollywood, en Estados Unidos. Allí, junto con su amigo George Antheil, un músico genial y un tanto chalado, ideó un sistema de comunicación que se considera el abuelo del wifi. Pero, como enseguida te contaré, además de una gran inventora, Hedy fue una famosa actriz y una mujer luchadora y muy valiente que no lo tuvo nada fácil.

⌇ Las tecnologías inalámbricas

La radiocomunicación y las tecnologías inalámbricas son fundamentales para el funcionamiento de nuestro mundo. Sin ellas no podrían existir los teléfonos móviles, por ejemplo, o el wifi. La historia de su desarrollo es muy larga y fueron muchas las personas que contribuyeron a su nacimiento. Hedy Lamarr fue una de ellas. ¡Y una de las más importantes!

⌇ El abuelo del wifi

El sistema de comunicación que inventaron Hedy Lamarr y George Antheil, considerado el abuelo de nuestro wifi, se conoce por un nombre muy divertido: «transmisión en espectro ensanchado por salto de frecuencia».

📶 Los cafés de Viena

Los primeros cafés datan de los tiempos del Imperio otomano, pero conocieron su época de esplendor durante el siglo XX. Allí se reunían las personalidades y los intelectuales de la ciudad. Su importancia como centros culturales es tal que han sido reconocidos por la UNESCO como Patrimonio Cultural Intangible de la Humanidad.

Nuestra protagonista se llamaba en realidad Hedwig Eva Maria Kiesler, pero todo el mundo la conoce por su nombre artístico, Hedy Lamarr.

Hedy nació en 1914 en la capital de Austria, Viena, que en aquel tiempo era la capital cultural de Europa. La ciudad era un punto neurálgico para cualquier actividad artística y creativa, como la literatura, la música, la arquitectura y el teatro. En sus elegantes y bulliciosos cafés se celebraban animadas tertulias de artistas e intelectuales.

En aquel ambiente, las mujeres gozaban de mayor libertad de la que solían permitir las estrictas normas de la sociedad de entonces. Allí consiguieron desarrollar sus carreras de fotógrafas, pintoras, escritoras, bailarinas o actrices, como la propia Hedy.

Desde muy pequeña, Hedy demostró tener una mente brillante. ¡Todo el mundo pensaba que era superdotada!

A su padre, Emil Kiesler, le interesaban mucho la ingeniería y los inventos, y la llevaba a dar larguísimos paseos por Viena en los que iba explicándole cómo funcionaba todo lo que veían: los tranvías, la luz eléctrica… ¡Había tantas cosas interesantes en la ciudad!

Tal vez eso despertara también el interés de Hedy por las máquinas. Cierto día, cuando tenía solo cinco años, desmontó su caja de música favorita para averiguar el funcionamiento de su mecanismo.

«¡Pero, Hedy…!», le regañaron sus padres pensando que la había roto. «A quién se le ocurre…».

Ella se limitó a lanzarles una sonrisita misteriosa ¡y en un momento volvió a montar la caja de música perfectamente! Sus padres se quedaron patidifusos.

«¡Hedy! ¡Eres genial!», exclamaron entonces.

○ «**Sé tú misma, haz tus propias elecciones, descubre lo que quieres y acéptalo**».

Emil Kiesler

📶 **Los padres de Hedy Lamarr**

Hedy fue la única hija de un matrimonio judío formado por Gertrud Kiesler, nacida en Hungría y pianista de profesión, y Emil Kiesler, un banquero de origen ucraniano.

⤟ Max Reinhardt

Este dramaturgo está considerado como un gran renovador del teatro moderno. Dirigió obras de teatro y películas de cine. Sus películas fueron muy innovadoras y tuvieron una gran influencia. Cuando Adolf Hitler llegó al poder en Alemania, Max Reinhardt se exilió en Estados Unidos, donde siguió trabajando en teatro y en cine.

Como no podía ser de otro modo, Hedy decidió estudiar ingeniería para aprender más sobre las herramientas, los mecanismos y la tecnología que tanto le llamaban la atención. Sin embargo, atraída por el ambiente bullicioso y divertido del mundo del teatro vienés, abandonó la carrera tres años después para hacerse actriz. Con dieciocho años, se fue a Berlín para estudiar con un célebre director llamado Max Reinhardt.

Más tarde regresaría a Viena, donde le ofrecieron papeles en varias películas. Fue *Éxtasis* la que la llevó a la fama, ¡y no simplemente por su gran interpretación! Y es que en un determinado momento Hedy aparecía corriendo desnuda por un bosque, algo de todo punto escandaloso en aquella época.

«¡Pero, Hedy...! A quién se le ocurre...», volvieron a decirle sus padres, muy enfadados de nuevo.

Al ver aquella película, uno de los hombres más ricos de Viena se quedó absolutamente prendado de su belleza y decidió que no pararía hasta casarse con ella. Se llamaba Fritz Mandl y era un magnate de la industria armamentística que le sacaba catorce años. Obsesionado, la persiguió incansablemente y convenció a sus padres de que le concedieran su mano.

Ese matrimonio sería fatídico para Hedy, pues, más que en su pareja, Fritz se convirtió en su secuestrador. Loco de celos, la encerró en su casa, aunque la obligaba a que lo acompañara cuando tenía algún compromiso, como si fuera una muñeca a la que quisiera exhibir. Y como él se había enamorado de Hedy precisamente al ver *Éxtasis*, le prohibió que siguiera trabajando como actriz. Además, trató de hacerse con todas las copias que existían de la película, para que nadie más pudiera verla. En realidad, le prohibió hacer cualquier cosa que no fuera ser su acompañante. Quería que fuera solo para él, aunque eso supusiera hacerla profundamente infeliz.

○ «Los hombres nunca tratan de ver lo que hay en tu interior ni ir más allá de lo superficial. Si lo hicieran encontrarían algo mucho más hermoso que la forma de una nariz o un color de ojos».

Hedy Lamarr

🛜 La Alemania nazi

El Partido Nacionalsocialista de Adolf Hitler gobernó Alemania entre 1933 y 1945. Hitler instauró un gobierno fascista y antisemita, organizó el asesinato de millones de judíos y provocó la Segunda Guerra Mundial. Durante esta época, el padre de Hedy murió de un infarto, incapaz de soportar los horrores de los nazis. Hedy ayudó a su madre a huir de Austria y llegar a Estados Unidos.

Hedy vivía con mucho lujo en un gran castillo, una jaula de oro, pero no podía disfrutar de su libertad. ¡Y, además de estar triste, se aburría muchísimo! Así que regresó a su segunda gran pasión y volvió a estudiar ingeniería.

Los compromisos de su marido eran en realidad cenas de gala a las que asistían militares de alto rango e influyentes hombres de negocios. Aunque Fritz era judío y los nazis persiguieron y mataron a millones de judíos, él no tuvo ningún reparo en proveer de armamento al Ejército nazi de la Alemania de Hitler y al Ejército fascista de la Italia de Mussolini, ambos amigos personales suyos.

Hedy aprovechaba estas ocasiones para hacer miles de preguntas sobre armas y secretos militares. Como era mujer, ellos daban por hecho que no se enteraba de nada. ¡No sospechaban que les estaba sonsacando información, igual que una espía! Ni se imaginaban que, en parte gracias a aquellos datos, inventaría años más tarde un sistema de comunicación fundamental que cambiaría el curso de la historia.

Por fin, en una de aquellas cenas, Hedy logró escapar por la ventana del baño de un restaurante. Tras atravesar media Europa, perseguida por los guardaespaldas de su marido, logró llegar sana y salva a Londres.

Allí conoció a un famoso productor de Hollywood llamado Louis B. Mayer e intentó que él se fijara en ella. Al principio no lo consiguió, pero ella no era una mujer que se diera fácilmente por vencida...

En cuanto descubrió que Mayer partía hacia Estados Unidos, vendió todas sus joyas y se compró un pasaje en el mismo barco. La primera noche de travesía, Hedy se vistió con sus mejores galas, hizo una entrada majestuosa en el comedor y dejó a todo el mundo deslumbrado. Louis B. Mayer decidió entonces contratarla de inmediato.

Al llegar a Estados Unidos, toda la prensa la estaba esperando en el puerto. Hedy Lamarr, pues así la había bautizado Mayer, era el nuevo fichaje estrella de la Metro Goldwyn Mayer, una importantísima productora de Hollywood. Allí protagonizó muchas películas y se ganó el sobrenombre de «La mujer más bella del mundo».

○ **«Cualquier chica puede parecer glamurosa, todo lo que tienes que hacer es estarte quietecita y poner cara de tonta».**

Hedy Lamarr

᠅ **Louis B. Mayer**

Este gran productor fue uno de los padres del cine moderno y de la época dorada de Hollywood. Fue empresario y productor de cine y fundó la mítica productora Metro Goldwyn Mayer. Descubrió a muchos de los grandes actores y actrices de la época e impulsó avances tecnológicos, como el cine sonoro y el tecnicolor.

🛜 Howard Hughes

Howard Hughes fue un millonario norteamericano famoso por las películas que dirigió y por sus hazañas en el mundo de la aviación. Se convirtió en ingeniero aeronáutico estudiando por su cuenta y consiguió varios récords mundiales como piloto. De hecho, fue el primero en dar la vuelta al mundo en un avión ¡en solo tres días!

A pesar de su éxito en la gran pantalla, Hedy nunca dejó de pergeñar nuevos inventos… ¡Aquello era lo que más le divertía en el mundo!

Tanto en su casa como en los estudios de cine, se hizo instalar pequeños laboratorios en los que se dedicaba a su pasión robándole tiempo al sueño o durante los descansos de los rodajes. Entre sus inventos figuran desde una tableta sólida que, al disolverse en agua, se convertía en un refresco de cola hasta… ¡un avión!

La idea partió de una conversación con su amigo, el famoso cineasta y aviador Howard Hughes. Él, que conocía el gran intelecto de Hedy, solía mantener con ella largas conversaciones sobre diseño aeronáutico en las que la actriz sostenía que la forma rectangular de las alas era en realidad un impedimento para coger velocidad. Y, para demostrarle su teoría, decidió estudiar el movimiento de los pájaros y los peces para diseñar un nuevo avión ¡mucho más rápido!

«¡Hedy! ¡Eres genial!», exclamó emocionado Howard al ver sus dibujos.

Dos años después de su llegada a Hollywood, las tropas de Hitler invadieron Polonia y estalló la Segunda Guerra Mundial en su Europa natal.

Hedy odiaba la crueldad y la violencia de los nazis y decidió ofrecer su ayuda al Consejo Nacional de Inventores de Estados Unidos. Ella había conseguido sonsacar a los nazis su tecnología militar cuando vivía con su marido en Austria. Se le ocurrió que podía revelar a Estados Unidos todos los secretos armamentísticos de sus enemigos.

Pero los miembros del Consejo, compuesto únicamente por hombres, rechazaron su oferta. Le propusieron que, si quería ayudar al Ejército americano, usara su cara bonita en vez de su cerebro.

Hedy, decidida a colaborar, dejó a un lado la ofensa y puso en marcha una campaña para financiar a sus nuevos compatriotas. Su oferta consistía en un beso a cambio de 25.000 dólares en bonos de guerra. En una sola noche, consiguió más de siete millones de dólares.

La Segunda Guerra Mundial (1939-1945)

Cuando, en 1939, los nazis, deseosos de extender su Imperio, invadieron Polonia, Francia e Inglaterra no dudaron en declarar la que sería la Segunda Guerra Mundial. Los primeros años, el Ejército alemán consiguió conquistar gran parte de Europa y, allí por donde pasaba, iba sembrando el terror. Pronto se unieron más países para combatir a los nazis, formando una coalición conocida como los Aliados. En 1941, Estados Unidos y la Unión Soviética se unieron a los Aliados y los alemanes empezaron a perder posiciones, para ser finalmente derrotados en 1945.

En 1940, un submarino alemán torpedeó y hundió un barco en el que viajaban niños refugiados que huían de la guerra. Murieron ochenta y tres niños. Hedy quedó impactada por la noticia y decidió inventar algo que sirviera para luchar contra los submarinos nazis.

Con este objetivo, ideó un sistema que permitía controlar la dirección de los torpedos una vez que estos habían sido disparados. Para ello, el barco tenía que ser capaz de comunicarse con el proyectil por radiofrecuencia.

Sin embargo, como buena ingeniera, Hedy sabía que las comunicaciones por radio eran muy fáciles de interceptar por el enemigo, así que debía hallar una forma de encriptarlas.

Para resolver las cuestiones técnicas, pidió ayuda a su amigo George Antheil, un músico un poco extravagante que también tenía conocimientos de ingeniería. Juntos diseñaron un sistema de comunicación secreto que abriría el camino al desarrollo de las radiocomunicaciones seguras.

🛜 George Antheil

George Antheil, pianista y compositor, era conocido como «El chico malo de la música». En su juventud exploró nuevas formas de composición musical. Como el público no entendía nada de sus obras, Antheil fue muy pobre la mayor parte de su vida, hasta que dedicó su talento a componer bandas sonoras para el cine.

George Antheil era un pianista y compositor muy moderno que había compuesto una pieza llamada *Ballet mecánico*, que provocó un escándalo similar al del estreno de la película *Éxtasis* de Hedy. Uno de los críticos dijo que la música de George «suena como si metieras jazz dentro de una picadora». El público, desde luego, no entendió nada. Aquella música era demasiado moderna para sus oídos. Confundidos y enfadados, los asistentes arrancaron las butacas del teatro. ¡Se armó todo un caos!

Lo importante para nuestra historia es que, en aquella pieza, el compositor había formado una orquesta mecánica en la que dieciséis pianolas tocaban sincronizadas automáticamente. Esa tecnología de sincronización era justo lo que le hacía falta a Hedy para su invento de comunicaciones secretas.

📶 Sistema de transmisión en espectro ensanchado por salto de frecuencia

La idea consistía en que el barco y el torpedo se comunicaran por radio de forma secreta, usando dos rollos como los de las pianolas, pero en miniatura. Estos rollos funcionarían sincronizados, girando al mismo tiempo y a la misma velocidad, siguiendo un mismo patrón de secuencia. El sistema tenía 88 frecuencias que iban cambiando, y por eso se llama «por salto de frecuencia», lo que lo convertía en un sistema de encriptación indescifrable.

El sistema que desarrollaron Hedy y George se conoce hoy con un nombre larguísimo: «transmisión en espectro ensanchado por salto de frecuencia». Es como el abuelo de las tecnologías wifi, bluetooth y GPS que hoy usamos constantemente en nuestra vida cotidiana, en casi cualquier dispositivo electrónico. ¡Es un invento importantísimo!

Pero aquellas ideas eran demasiado avanzadas para su tiempo. De hecho, cuando se lo mostraron a los jefes de la Marina estadounidense, estos replicaron: «Pero ¿qué pretenden? ¿Meter una pianola en un torpedo?».

Ante el desprecio de estos, Hedy y George guardaron los planos del proyecto en una caja fuerte y se olvidaron de ellos durante el resto de la guerra.

Aun así, Hedy y George no se rindieron y continuaron trabajando juntos para crear tecnología militar que contribuyera a que las Fuerzas Aliadas vencieran al Ejército nazi.

Finalmente, una década más tarde, con el avance de las tecnologías y de la electrónica, los ingenieros del Gobierno estadounidense empezaron a usar el sistema de salto de frecuencia para sus transmisiones militares.

Hoy en día, el sistema se ha convertido en la base del funcionamiento de la comunicación por satélite, de la tecnología wifi, del GPS, de los teléfonos móviles…

Q «Hedy ha inventado nada menos que tres armas secretas y se las ha enviado al Consejo Nacional de Inventores».

George Antheil

Durante toda su vida, Hedy siguió inventando artilugios, pero también reinventándose a sí misma. Desde luego, fue una mujer revolucionaria y poco habitual para su época. Una mujer que abrió camino para las que vendrían después.

Ella siempre defendió que era mucho más que una cara bonita y que lo importante era su inteligencia, pero tuvo que esperar muchos años para que el resto del mundo se lo reconociera.

Por suerte, pocos años antes de su muerte, recibió varios premios, entre ellos el importantísimo Pioneer Award. Cuando le comunicaron que le habían otorgado el merecido galardón, Hedy, con su humor habitual, contestó: «¡Ya era hora!».

Hoy en día, el 9 de noviembre, fecha de su nacimiento, se celebra en su honor en muchos países el Día del Inventor. En la comunidad científica, un gesto así no se tiene con cualquiera y es la prueba definitiva del reconocimiento del talento de la gran Hedy Lamarr, sin duda mucho más que «la mujer más bella del mundo».

Invention & Technology

Hedy Lamarr

MUNITIONS INVENTOR

La comunicación inalámbrica

La comunicación inalámbrica es hoy indispensable en nuestras vidas. Está por todas partes y la usamos hasta cuando no nos damos cuenta.

Los móviles y los ordenadores, por ejemplo, funcionan gracias a ella. La utilizamos a diario en nuestra vida cotidiana cuando encendemos la televisión, la consola o abrimos la puerta del garaje, pero también es esencial a gran escala, para el funcionamiento de los satélites o la tecnología militar.

«Inalámbrico» quiere decir que los aparatos entre los que se transmite la información no están conectados entre sí por cables ni por ningún otro tipo de conexión física, sino por medio de ondas electromagnéticas.

Uno de los problemas de las redes inalámbricas es que son mucho más vulnerables a la acción de los intrusos que las físicas. Por eso, la seguridad es una cuestión importantísima. El invento de Hedy Lamarr, un sistema de comunicación inalámbrico encriptado, supuso un gran avance en este terreno.

La protagonista

1914

Hedy Lamarr nació en Viena (Austria) en 1914 en el seno de una familia adinerada y culta. Su madre era pianista y su padre banquero. Ambos le transmitieron el amor por el conocimiento, las ciencias y las artes. Hedy fue una niña excepcionalmente inteligente. Desde muy pequeña se interesó por el funcionamiento de las máquinas y los artilugios mecánicos.

1933

De adolescente empezó a estudiar ingeniería, pero decidió cambiar sus estudios por los de actriz, y se desplazó a Berlín a aprender con el famoso director Max Reinhardt. Pronto interpretó varios papeles menores en algunas producciones austríacas hasta que se hizo famosa por su actuación en la película *Éxtasis*, un escándalo en la época.

1933-1937

Hedy se casó con un rico magnate de la industria armamentística que la privó de su libertad, le prohibió seguir trabajando como actriz y la tuvo prácticamente recluida los cuatro años que duró su matrimonio. Finalmente, Hedy ideó un plan de fuga y escapó de su marido. Atravesó Europa huyendo de él y llegó a Estados Unidos.

Otros genios de la ciencia

355-415

Hipatia
La gran maestra de Alejandría

1643-1727

Isaac Newton
El poder de la gravedad

1815-1852

Ada Lovelace
La primera programadora de la historia

1856-1943

Nikola Tesla
El mago de la electricidad

1938-1958

En Estados Unidos, Hedy se convertiría en una rutilante estrella de Hollywood. Su fama internacional se debió durante muchos años a su faceta como actriz y a su deslumbrante belleza, pero Hedy también era una fantástica inventora. Durante toda su vida, dedicó a sus inventos el tiempo que le dejaba libre su trabajo como actriz.

1942

Inventó todo tipo de cosas, desde un refresco de cola en tabletas a un diseño aeronáutico, pero su gran aportación a la ciencia es el sistema de comunicación encriptado que se conoce como «transmisión en espectro ensanchado por salto de frecuencia», que es la base de las tecnologías inalámbricas como el wifi, el bluetooth o la comunicación por satélite.

2000

Hedy Lamarr murió en Florida (Estados Unidos) en 2000.

El 9 de noviembre, la fecha de nacimiento de Hedy, muchos países celebran en su honor el Día del Inventor.

1867-1934

Marie Curie
El coraje de una científica

1910-1997

Jacques Cousteau
El descubridor de los mares

1914-2000

Hedy Lamarr
Aventurera, inventora y actriz

1942-2018

Stephen Hawking
La estrella más brillante de la ciencia